coleção ◣ ◗ primeiros
152 ◖ ◗ ◖ ◗ passos

LEITURAS AFINS

- Cuidado, Escola! — *Paulo Freire e outros*
- A Escola e a Compreensão da Realidade — *Maria Teresa Nidelcoff*
- Fogo no Pavilhão — *Emir Sader/Maria Ignês Bierrenbach/Cyntia Figueiredo*
- Sexo e Juventude: Um Programa Educacional — *Fundação Carlos Chagas*
- Você, Meu Filho — *Jean Bothorel*

Coleção Primeiros Passos
- O que é Educação — *Carlos R. Brandão*
- O que é Adolescência — *Daniel Becker*
- O que é Política Social — *Vicente de Paula Faleiros*
- O que é Toxicomania — *Jandira Masur*

Edson Passetti

O QUE É MENOR

1.ª edição 1985

3.ª edição

3ª reimpressão, abril 99

editora brasiliense

DIVIDINDO OPINIÕES MULTIPLICANDO CULTURA

1 9 8 7

Copyright © Edson Passetti

Sugestão editorial:
 Julio Lerner

Capa e ilustrações:
 Samuel Ribeiro Jr.

Revisão:
 Suely Bastos
 José W. S. Moraes

editora brasiliense s.a.

MATRIZ: Rua Atucuri, 318 – Tatuapé – São Paulo – SP
cep: 03411-000 – Fone/Fax: (011) 6942-0545
VENDAS/DEPÓSITO: Rua Mariano de Souza, 664 – Tatuapé – São Paulo – SP
cep: 03411-090 – Fones: (011) 293-5858 – 293-0357 – 6942-8170 – 6191-2585
Fax: (011 294-0765

ÍNDICE

— Introdução 7
— O delírio do bom menino 9
— A fábula do delinqüente 24
— Em busca da liberdade 38
— Indicações para leitura 65

Mães zelosas
Pais corujas
Vejam como de repente as águas ficam turvas
Não me iludo
Não se iluda
Tudo pode estar por um segundo

(GIL)

Pra Lia (Robin Hood) Junqueira

INTRODUÇÃO

Eu quis fazer um texto para menores, sejam eles crianças, jovens ou menores. Um texto que fosse pretexto para uma reflexão a respeito da situação em que se encontra uma boa parte das crianças hoje.

Este *O Que é Menor?*, dividi em três partes. Na primeira, "O delírio do bom menino", procuro mostrar os perigos que existem ao se partir de idéias generalizantes, que colocam as pessoas em condições diferenciadas. O chamado menor é visto na família, trabalho e escola num mundo em que a distinção entre jovens e adultos é mera formalidade.

"A fábula do delinqüente" procura narrar como se construiu a categoria menor e seu significado como marginal.

No terceiro movimento, aproveito, saindo "Em busca da liberdade", para pôr em discussão questões como a contestação, a rebeldia, a neutralidade e a busca de liberdade propriamente dita.

Gostaria que algumas respostas que indico se transformassem noutras questões, e que estas tragam outras respostas que minimizem as relações de poder, abrindo frentes para a realização das utopias.

Afinal, se as crianças de hoje são os homens de amanhã, que elas não tenham a cabeça de ontem.

O DELÍRIO DO BOM MENINO

Como num passe de mágica, deixamos de ser menores. Completamos dezoito anos e tudo faz crer que, com a maioridade, nossa vida mudará, porque poderemos votar, decidir que carreira seguir, receber salário integral, tirar carta de habilitação para dirigir carros e motos, enfim, parece que socialmente seremos reconhecidos como capazes de tomar decisões. Num certo sentido, completar dezoito anos é uma façanha que nos coloca de verdade no mundo.

Pensando desta maneira, há quem acredite que um grande abismo separa o mundo dos menores do mundo dos adultos. Na realidade, esta distinção inexiste, porque o mundo do menor é uma continuidade do mundo adulto. Afinal, o adulto cria o menor procurando educá-lo para sua adaptação à sociedade. Contribuem para a educação do menor a família, a escola, a fábrica, o escritório e outras formas de associação com as quais ele convive e que existem para que ele se torne um sujeito integrado socialmente. Integrado significa estar trabalhando, estudando, vivendo em família, vivendo a vida social num constante ato de produzir e consumir.

Viver, no entanto, significa mais que satisfazer nossas necessidades biológicas e estar de acordo com as instituições (escola, governo, polícia, juizado e outras), que foram criadas para "facilitar" e garantir nossa integração. Viver é mais que acreditar que nascemos numa sociedade assim ou assada, e que temos de nos adaptar a ela. Viver é procurar um sentido para os nossos desejos e realizá-los no trajeto.

Os mundos da criança, do jovem e do adulto são partes do mesmo mundo. Diferenciá-los pode ser algo perigoso. Como podemos pensar a diferença entre eles, se desde que nascemos convivemos com um tipo de família, grupo de amigos, parentes, professores e escolas, chefes, patrões, que não têm as mesmas preocupações que outras famílias, amigos, escolas, etc.?

Uma forma de pensarmos a vida do menor é começarmos por onde ele nasce, a mãe, e daí vermos como é que vai se realizando sua sociabilidade, isto é, a maneira como ele irá se relacionar com os outros, em sociedade, engendrando sua vivência de acordo ou não com os padrões vigentes.

Menor e família

É comum ouvirmos que "ninguém nasceu porque quis", "cada um tem a família que Deus deu", "a família é a célula-máter da sociedade", "família é um saco", e outras que você pode estar lembrando agora. A vida em família é, para a nossa sociedade, a forma primeira da sociabilidade porque é através dela que entramos em contato com as normas sociais fundamentais que devem ser aprendidas.

Diz-se que uma família é organizada quando pai e mãe, casados, habitam a mesma residência, contribuem com o pagamento de seus impostos ao bem-estar, obtêm o sustento para os filhos e fornecem educação a eles pelo trabalho. Tudo arrumado e certinho. Crianças limpas e estudiosas, marido e mulher cumprindo seus deveres um para com o outro, para com os filhos, em família.

Ninguém é mais tão ingênuo a ponto de acreditar que a família é um arranjo harmonioso e duradouro. Então, o que significa pensar a família como sendo o núcleo essencial para a formação do menor?

É comum nas famílias dos pais haver muitas crianças e jovens. Há sempre aquele que é o bom filho e aluno, e aquele outro, considerado o ovelha negra. Quanto a este, não é muito raro ouvirmos sobre seu comportamento um "tanto desajustado", que "isto é coisa de juventude", mas que "quando chegar à maioridade ele mudará". Se não mudar será aquela exceção à regra que várias famílias são obrigadas a engolir: "sempre foi vagabundo e maconheiro", "nunca tomou jeito, desde bebezinho foi indomável", e outras. É atribuída a estas ações uma justificativa próxima à idéia de que "pau que nasce torto não tem jeito, morre torto", e em nome da preservação da honrada família nega-se o que fugiu ao controle, escondendo seu destino: "ele teve tudo de bom e se perdeu, o que posso fazer, Deus é quem sabe".

Estas justificativas são ouvidas e faladas à medida que o tempo vai passando. Funcionam como um muro que separa e divide pais e filhos (pais e filhos são siameses?). "Onde eu errei?", pergunta o marido para a mulher, e a *culpa* acaba sendo atribuída a um dos dois. O drogado, a putinha, o vagabundo de cada família acaba indo para o mundo afora buscando algo, o elo perdido, o sentido da vida. Encontrará? Procurará estruturar sua vida de outra maneira, conseguirá? O lado fracassado da família "deve ser esquecido". É interessante notar que esse lado sempre é associado ao que ocorreu na infância ou juventude daquele indivíduo. Um trauma, diz a tia; o pai bebia, considera a avó materna; foi a separação, atestam outros parentes; muita paparicação, arremata outro. Onde nós erramos?, concluem penalizados consigo mesmos.

A introjeção do modelo de família organizada supõe, portanto, que a vida é vivida do lado certo ou do errado. O certo é respeitar os pais, os professores, os mais velhos, ouvir e tentar seguir os passos daqueles que se consideram realizados. O errado é o contrário. Esta dicotomia permite que as pessoas acabem pensando que a vida é um modelo e, por isso, deliram.

Ser menor (criança ou jovem) não quer dizer adulto miniaturizado. Ser menor é como uma novidade que gradualmente vai se qualificando, dirigindo sua vida para uma convivência social possível, para ultrapassar os limites. Quando se considera a família como um projeto a ser continuado pelo menor, se apresentou a ele nada mais que o limite. Os dezoito anos, limite jurídico entre o mundo do maior e o do menor, não podem ser encarados como ponto de partida para a consolidação do indivíduo integrado socialmente. Este limite, no entanto, materializa o processo normativo que o menor deve ter introjetado para, docilmente, transformar-se em cidadão e mão-de-obra.

Como há um modelo de família organizada, claro que não poderia deixar de haver o modelo da família desorganizada.

Toda criança filha de mãe solteira, fruto de relações extraconjugais ou cujos pais não têm condições de obter seus meios de subsistência pelo trabalho e, por conseguinte, habitam a chamada "periferia" das grandes cidades, freqüentando esporadicamente a escola, convivendo com garotos e garotas nas ruas, toda criança assim é filha de uma família desorganizada.

Esta será incapaz de dar noções elementares de sociabilidade, traduzidas pelo respeito à autoridade familiar, porque a família inexiste. Esta criança estará disponível para conviver com "maus elementos" e "desviar-se do bom caminho".

Aqui, a exceção funciona ao contrário: os que darão certo serão aqueles que, por força de vontade própria, conseguirem superar, pelo trabalho, as infelicidades de terem nascido em famílias desorganizadas. Não é incomum ouvirmos a respeito: "a mãe se matava para dar escola e sustento para ela e houve retribuição", "sempre foi um menino obediente, não gostava de rua, obedecia à professora, agora é um homem de verdade!", e muitas outras "preciosidades" justificadoras desta exceção. A grande maioria, no entanto, é designada como maconheiros, trombadinhas, delinqüentes, bandidos que devem ser exterminados: são os errados.

Podemos concluir dizendo que a família, tal qual imaginam as pessoas, nada mais é que uma idealização a partir de valores que constituem suas vidas sob a forma do modelo organizado-desorganizado.

O que levou as pessoas a esse delírio que acaba estigmatizando como menor toda criança ou jovem que provém de famílias "desorganizadas"?

Percebemos que quando se fala em família,

organizada ou não, fala-se também em valores transmitidos pelo trabalho. É através dele que as pessoas obtêm rendimentos para casar e constituir outras famílias. Se por acaso todos tivessem acesso ao trabalho haveria famílias desorganizadas, delinqüentes juvenis, crianças abandonadas ou carentes e infratores?

Menor, família e trabalho

Pelo trabalho, os homens produzem riquezas e com elas realizam suas relações sociais. Desta maneira, as famílias se solidificam a partir destas relações, engendrando as formas de sua reprodução.

As famílias dos índios são diferentes das nossas, não porque eles sejam selvagens e nós civilizados, mas porque o trabalho nas sociedades indígenas se baseia em outros princípios. As crianças e jovens são preparados para a vida numa sociedade que busca a reciprocidade (dar-receber-dar).

Na sociedade capitalista, em que nós vivemos, as relações estão baseadas na propriedade. Da casa, carro, fogão, prancha . . .

Vejamos: a forma da vida capitalista realiza a produção da riqueza social através da venda da força de trabalho num mercado. O capitalista é aquele que historicamente acumulou riquezas e se tornou proprietário de fábricas e suas máquinas, bancos e terras, comprando, através de salários, a força de trabalho daqueles que necessitavam obter meios de subsistência. O salário é o preço pago pelo capitalista ao trabalhador pelo trabalho dispendido. Isto não significa que o trabalhador receba o equivalente a quanto produziu, porque se fosse assim não existiria o capitalista. O que acontece é o pagamento, por parte do capitalista, de um tanto do trabalho dispendido, sendo a outra parte absorvida em investimentos na sua propriedade. Esta parte do trabalho realizado e não pago chama-se mais-valia. O que foi produzido é sempre endereçado ao mercado, onde acrescenta-se o lucro ao preço do produto para o consumo social.

Esta forma da vida capitalista engendrou a família organizada para reproduzir as relações de compra e venda da mão-de-obra para a produção da riqueza social, que nada mais é que a produção total da sociedade.

O que garante a continuidade dos modelos de família é a idéia introduzida pelas relações capitalistas de que através dos rendimentos (salários) se tem acesso ao consumo e à riqueza individual. É interessante notar que, paradoxalmente, a sociedade capitalista não cria condições de emprego a todos: objetivando o lucro, o capitalista procura reduzir cada vez mais os custos da produção, e daí o aperfeiçoamento tecnológico, que absorve menos mão-de-obra.

O que é Menor

A escola ensina a conviver com o princípio de autoridade constituída.

A materialização do objetivo capitalista, no entanto, vai se realizando em ciclos. Numa fase de expansão, absorve não só a mão-de-obra adulta como também a de velhos e menores; em fase de recessão libera não só os menores e velhos, como parte da mão-de-obra adulta, criando e recriando com isso o que os economistas chamam de exército industrial de reserva, isto é, um conglomerado de trabalhadores que é recrutado em momentos de crise, com salário rebaixado, para desempenhar as mesmas funções dos despedidos.

Como não há uma absorção de todos aqueles que estão "a fim" de trabalhar, se cria na nossa sociedade o eterno problema do desemprego, da fome, dos crimes, e se reproduzem as chamadas famílias desorganizadas. Caso houvesse emprego coletivo, condições de acesso ao trabalho a todos, deixaria de existir não só a família desorganizada, como a própria família, tal como a conhecemos hoje.

O que é claro é que a família não se constitui biologicamente, de uma forma natural, bem como as relações de parentesco. As relações sexuais entre homens e mulheres e sua eventual prole não fazem do homem marido e/ou pai, e da mulher, esposa e/ou mãe. O que define a família é a forma de organização que ela irá tomar como fonte de reprodução da força de trabalho, o que não exclui o circuito das relações afetivas entre os membros.

Como a família busca se reproduzir tal qual o modelo, nada mais é, para a criança ou jovem, que o destino traçado previamente. O limite é dado para que se continue a mesmice. Os valores da família organizada funcionam como moto-contínuo de adestramento de jovens e crianças, pois não apresentam a eles possibilidades de perceberem o que se esconde por trás da aparente vida harmoniosa em família.

Sem visão crítica para o trabalho, o menor é preparado para constituir suas relações afetivas e educar seus filhos nos mesmos parâmetros, ainda que para efeito de época pareçam ser menos conservadores.

Na família desorganizada onde encontramos os herdeiros da tradição operária, hoje empobrecidos e sem condições de acesso ao trabalho socialmente reconhecido, restará ao menor iniciar-se nos biscates, vivendo o mundo da rua, aprendendo estratégias novas de sobrevivência como alternativas para a vida numa sociedade como a nossa, visto que emprego para todos e iguais oportunidades não existem.

A sociabilidade do menor também é realizada na escola, que procura dar continuidade à educação iniciada na família para integrá-la na sociedade.

Menor, família, trabalho e escola

É comum ouvirmos que a família e a escola são os dois "lugares" onde se forma o indivíduo para o trabalho. Ambas funcionariam como agenciadores dos valores essenciais à formação de crianças e jovens: respeito às leis, espírito patriótico, respeito aos mais velhos, distinção entre o bom e o mau.

Na escola, o menor aprenderá, de forma sistemática, a conviver com o princípio da autoridade constituída: o respeito aos pais, que geralmente significa obedecer, agora é estendido para todos aqueles que ocupam uma posição de hierarquia. Ali se aprende que há uma hierarquia que exige obediência a todos os que se encontram acima, e benevolência para os que se encontram abaixo. Desta maneira aprendemos a reproduzir a autoridade porque devemos exigir respeito dos de baixo, uma vez que respeitamos os de cima. E mais: que devemos "nos esforçar" para chegar aos mais altos postos.

Obedecer. A hierarquia introduz a idéia de disciplina, facilmente traduzida por "bom comportamento". Nas salas de aulas, se dispõem os alunos em fileiras ordenadamente, para que o professor, de frente para a sala, tenha como exercitar seu controle. O professor é quem sabe, o aluno é quem aprende. A condição de professor, sua posição na hierarquia e não seu conhecimento, é que lhe garante a autoridade de dizer e desdizer. O fundamento da autoridade é o comando, revelando seu poder.

Para que o processo de introjeção das regras da autoridade tenha efeito eficaz, procura-se definir sua contrapartida: a liberdade. A escola ensina que a liberdade é sempre a parte que a autoridade tolera, o que traduzido na linguagem do dia-a-dia quer dizer: "minha liberdade começa onde termina a do outro". Como nunca se sabe onde termina o exercício da autoridade, nunca se sabe, também, o que fazer com o que se diz ser a liberdade. É a liberdade individualista que, em seu exercício, sufoca o coletivo ou o grupal, e se revela associada, antes de tudo, à liberdade para ter uma mão-de-obra absorvida ou não pelo mercado.

Detalhemos: no mercado de trabalho, o trabalhador é livre para vender sua força de trabalho a quem quiser. É esta a liberdade de quem trabalha. Assim sendo, a liberdade, enquanto termo, fica reduzida às escolhas frente às coisas estabelecidas: eu escolho em quem votar dentre os que estão legalmente em condições de serem eleitos; faço determinadas ações que não firam as leis que foram feitas, não sei bem por quem nem para quê; compro aquilo que posso com meu salário, etc. É estabelecida uma cadeia de direitos e deveres que são consentidos socialmente pelo respaldo legal. Os mecanismos aplicadores da autoridade vão, nesta medida, sendo reformados, mas nunca devem ser questionados.

Estas constatações aparecem como fruto do desenvolvimento da indústria que, ao mecanizar a agricultura e se associar aos bancos, acabou disciplinando o trabalho: horas de trabalho, lugar para comer, tempo cronometrado para satisfazer necessidades fisiológicas, enfim, com o capitalismo passamos a viver a época do tempo útil para a produção.

A disciplina da fábrica, que se inter-relaciona com a família e a escola, chegou onde está aprendendo com o patriarcalismo familiar e o conhecimento detido pelos "mandarins da cultura". Ela se fundamenta na idéia de absorver as energias econômicas dos corpos, para com isso minar as suas energias políticas, destruindo a capacidade de contestação, ao mesmo tempo que acelera o processo de trincamento da identidade dos sujeitos, endereçando-os à loucura e ao suicídio.

O rigor disciplinar revela o poder da autoridade e os limites da liberdade. Este é um dos dilemas que crianças e jovens sempre enfrentaram e para o qual não cessam de buscar soluções.

A chamada família, organizada ou não, esta idealização sustentada nos pilares da autoridade disciplinar, talvez possa procurar furar estes limites, quem sabe negando-se enquanto modelo, assim como a escola tecnificada e o trabalho da maneira como está estruturado, mas isso requer deixar de pensar seus filhos como miniaturas adultas, sem palavra ou liberdade de ação.

O "lar-doce-lar" e a proteção da criança e do jovem para que vejam a vida como apenas aquele recanto caseiro ou dos fins de semana acabam dando continuidade ao delírio. O bom menino foi para a escola, bem alimentado, quem sabe ele será um presidente da República! Será mais um. O mau menino será um pária. A dicotomia bom e mau, certo e errado, bandido e herói, benfeitor e cruel, justo e injusto e outras, nada mais são que formas de dominar.

Olhar não é ver: o mundo do menor é parte constitutiva do mundo do adulto e por outro lado é constituído por este. Esta dicotomia, mundo do menor e mundo do adulto, não existe, só existe para melhor localizar as partes, e como falso problema. Ser menor é mais que ter menos de dezoito anos. Aliás, os que são filhos de "famílias organizadas" são crianças e jovens, *menores são os outros.*

A FÁBULA DO DELINQÜENTE

Recordação de infância. No ônibus, juntamente com outros escolares, sentou num banco, olhou para cima e viu algo que lhe chamou a atenção.

Era um cartaz que se dividia em duas partes. À direita, ficava o garoto "mocinho", todo arrumadinho, vestindo camisa branca, gravatinha-borboleta, revelando ser um menino de "boa família": estudioso, obediente, pronto para ser uma pessoa bem-sucedida. Ali estava o modelo que todas as crianças que andavam em coletivos deveriam seguir. Claro que, não raras vezes, os escolares resolviam escrever algumas palavras conhecidas naquele cartaz, endereçadas àquele garoto.

À esquerda, curiosamente, o "bandido". Lia gibi, fumava, vestia caça *far-west*, vagabundão: a figura do delinqüente com um revólver na mão. Não estudara, provavelmente porque os pais não lhe deram orientação. Não iria se tornar uma pessoa bem-sucedida. Aquilo não deveria ser copiado porque era ineceitável. Os escolares se entreolhavam, com um gibi na mão, os livros na sacola depois das aulas disciplinarmente ministradas, e ficavam matutando. Afinal, de um lado o certo, do outro o errado, e entre os dois tantos de nós.

Uns eram favoráveis ao bom menino, sem aquele ar de viado, outros eram favoráveis ao da esquerda como modelo de comportamento, porque era o ponto de negação da disciplina da escola e da rigidez das normas da casa; e outros ainda queriam um meio-termo, afinal fumar, ler gibis e aprontar umas e outras era normal. As meninas quase que invariavelmente diziam preferir o primeiro, mas diante de algumas boas conversas revelavam sua queda pelo segundo, como segredo de confraria.

Mais tarde, todos ou alguns, não sei, descobriram que aquilo era uma forma de explicar a verdade e de fazê-la ser introjetada. Uma verdade que existia como uma idealização, como um modelo. E quantas outras coisas não ouviram e leram a respeito da rebeldia dos jovens nos centros urbanos: James Dean, Elvis Presley, Rolling Stones, Mautner, *hippies, underground*, guerrilheiros, trombadinhas, etc. A vida funde os modelos, porém está sob controle através dos modelos construídos.

Aquele pequeno cartaz em ônibus, bondes e trens de subúrbios era uma revelação de como somos classificados e do que se espera de nós. Descaradamente, a fascinação pelo moleque tornou aqueles escolares menos dóceis.

Naquele cartaz estava estampada a necessidade da polícia para combater o bandido, que era, por sua vez, fruto de uma família que não conseguia disciplinar a criança em casa. E constava: o que poderia fazer a escola com esse garoto, que provavelmente seria um repetente, baderneiro e que acabaria jubilado?! Por essa via associavam a existência do Juizado de Menores e dos recolhimentos para menores. Quantas vezes não ouviram contar que alguém estava sendo ameaçado pelos pais de ser internado no Recolhimento? Sabiam que era impossível, mas sempre surgia uma nova história para reforçar o temor. O conto era sempre recontado com outras personagens.

Em casa, as relações disciplinarmente dispostas eram reproduzidas na escola e tinham como ápice a ameaça do Recolhimento. O cartaz era a explicação do maniqueísmo certo-errado. Era e é possível porque as coisas ainda estão dispostas da mesma maneira, ainda que o tempo tenha mudado e a história possa ser contada por outras situações e palavras.

Inflação e delinqüência

Delinqüência: "ato de delinqüir (cometer falta,

crime, delito — fato que a lei declara punível; crime; culpa de fato; pecado), estado, qualidade ou caráter de delinqüente". (*Novo Dicionário Aurélio*, p. 429)

A delinqüência é entendida como uma forma de vida negativa em relação ao que socialmente é reconhecido na lei. Claro que devemos acrescentar que a lei é a formalização de um conjunto de práticas que garantem uma determinada ordem social estabelecida e reconhecida. Poderíamos afirmar, sem medo de errar, que aquilo que é legalmente estabelecido nem sempre corresponde ao que se está vivendo (hábitos, costumes, associações, etc.) e às aspirações da sociedade. A lei é a vida congelada, passada. Será do ponto de vista legal que se materializará a distinção entre a infração e a delinqüência.

A infração é *uma determinada conduta* considerada anti-social, que a sociedade procura corrigir através de leis. A infração não curada é o ponto de partida para a conduta delinqüencial, porque por delinqüência entende-se o *conjunto de práticas anti-sociais* cometidas por indivíduos ou grupos contra a sociedade.

O Código Penal Brasileiro, no seu artigo 33, considera todo menor de dezoito anos inimputável (não pode ser julgado culpado): "Não é imputável quem, no momento da ação ou da omissão, não possui capacidade de entender o caráter ilícito do fato ou de determinar-se de acordo com este entendimento, em virtude de doença mental ou desenvolvimento mental incompleto ou retardado" (artigo 31). Assim sendo, o menor de dezoito anos que cometer uma infração e/ou tiver uma conduta delinqüencial fica sujeito "às medidas educativas, curativas ou disciplinares determinadas em leis especiais".

A exclusão da responsabilidade penal do menor, segundo os juristas, deveu-se à influência da Revolução Francesa, que foi fruto de um novo humanismo que definiu a aplicabilidade de isenções às infrações cometidas por menores. No Brasil, desde 1830 se isentava da criminalidade todos os menores de catorze anos. No entanto, aqueles que apresentavam discernimento do fato eram recolhidos às casas de correção até completarem dezessete anos. Com o Decreto-Lei nº 2.848, de 7 de dezembro de 1940, a idade de dezoito anos foi fixada como marca que separa a inimputabilidade da responsabilidade penal.

No entanto, na Europa, a partir da década de 50, procurou-se reduzir a inimputabilidade para catorze anos (Alemanha) ou dezesseis, com a justificativa de que com isso se aumentaria a responsabilidade social do jovem, pois o medo da punição prevista em lei faria com que o menor aumentasse sua consciência social. No Brasil, durante o período mais repressivo, alguns juristas, apoiados na lebre levantada pelo então ministro da Justiça Armando Falcão, insistiram nessa tese.

Julgavam que dos onze aos catorze anos se estabeleceria um período que é chamado de "hiato nocivo", porque se trata do período em que o menor, ao concluir o primário e não estar legalmente constituído para se tornar mão-de-obra, descambaria para a infração.

A Emenda Constitucional nº 1, de 1969, por sua vez, proíbe o trabalho aos menores de doze anos e obriga o ensino público até os catorze. O trabalho do menor passa a ser considerado, então, trabalho de aprendiz, significando que ele pode passar o resto da menoridade recebendo meio salário mínimo. Reduzir a idade penal para dezesseis anos significaria reconhecer que esta mão-de-obra está qualificada a receber salário integral, que há mercado de trabalho, que a escola o instrumentalizou para tal e que tudo isso, harmoniosamente, contribui para sua vida de cidadão. No entanto, se não há um mercado de trabalho que absorve a mão-de-obra adulta, a redução penal não estaria funcionando como uma extensão dos mecanismos punitivos, ao invés de ser um acesso à consciência social?

Curiosamente, não é a delinqüência que aparece como forma de vida a ser combatida, mas a infração, pois esta é vista como princípio de tudo. Nesse sentido é que devem ser criadas instituições que, sob o comando do Estado, devem procurar encontrar soluções para que o rebaixamento da idade penal não pareça ser apenas tentativa de minimizar numericamente o problema dos grandes centros, a falência da escola como mecanismo de sociabilidade e a incapacidade de a família dar as primeiras noções da vida social à criança. Enfim, seria forçoso reconhecer que ter uma família hoje é um privilégio?

Procuremos pistas. Se o Código Penal prevê a criação de instituições para infratores, caso elas não funcionem adequadamente, propiciando condições para a integração, não haveria sentido em discutir-se a redução da idade penal.

"Situação irregular" e marginalidade

Aquele que comete uma infração, de acordo com o Código de Menores é um menor vivendo em situação irregular. Posto isto, algo é considerado como vida regular e, conseqüentemente, certa.

Artigo II do Código de Menores: "Para efeito deste Código, considera-se em situação irregular o menor:

I. privado de condições essenciais à sua subsistência, saúde e instrução obrigatória ainda que eventualmente em razão de: a) falta, ação ou omissão de pais ou responsável; b) manifesta irresponsabilidade dos pais ou responsável para provê-las;

II. vítima de maus-tratos ou castigos imoderados impostos pelos pais ou responsável;

III. em perigo moral devido a: encontrar-se de modo habitual em ambiente contrário aos bons costumes;

IV. privado de representação ou assistência legal, pela falta eventual dos pais ou responsável;

V. com desvio de conduta, em virtude de grande inadaptação familiar ou comunitária;

VI. autor de infração penal".

Lendo o que o Código de Menores dispõe como sendo situação irregular, notaremos que ele não está falando de menores em geral, mas começa a ficar claro para quem ele é feito: para crianças e jovens oriundos de famílias trabalhadoras de baixa renda, geralmente desorganizadas. O menor em situação irregular é aquele que vive na situação de marginalidade social. Este é o menor que, além de aparecer no Código de Menores, constará do Código Penal, e será o contingente que habitará as instituições para menores.

É considerado infração freqüentar casas de jogos, tomar bebidas alcoólicas em locais públicos, atentar contra os costumes, furtar, roubar, portar drogas, dirigir sem carteira de habilitação, etc. Qualquer menor hoje em dia pode cometer sua infração. No entanto, há uma diferença entre os que cometem infrações.

Se você é uma pessoa que tem família, com pai

empregado, com acesso aos bens de consumo variados, freqüenta regularmente a escola, tem trabalho e aprontou, sua infração não é bem uma infração. Ancorados em estudos de psicólogos, sociólogos, psiquiatras e assistentes sociais, o que você cometeu poderá ser considerado "um ato de rebeldia inerente ao jovem".

Se você é um delinqüente da mesma origem social mencionada acima, também não há com o que se preocupar, porque você nunca será considerado como tal. Talvez, para solucionar seus "traumas", um bom psicólogo seja a solução; se não der, ainda há as clínicas para a recuperação de jovens rebeldes, que a preços exorbitantes procurarão curá-lo através de terapias fundadas no "espírito comunitário".

O responsável jurídico por suas ações será seu pai ou responsável que, para não macular sua honra, tudo fará para tirá-lo desta vida, ainda que às vezes você tenha que saborear uma noitada numa delegacia.

Se você não está em nenhuma das situações anteriores, cuidado, porque você é menor, você é um marginal.

O que o Código de Menores coloca como irregular não o é para todos na medida em que infratores, delinqüentes e marginais são sinônimos. Pois é, delinqüente, marginal, infrator é o *outro*, aquele que faz parte dos grupos de aprontos pela cidade. Foi para estes que o Estado e o direito

O que é Menor 33

Se você é menor e não tem família nem freqüenta a escola, você é considerado um marginal.

pensaram as instituições de recolhimento para menores, porque eles são debilitados psicológica, biológica e socialmente, e estão em defasagem com os valores da cultura ocidental. Você não? Você sim?

O direito expõe seus motivos alicerçando-se no conhecimento produzido por diferentes áreas do saber. O Estado chama para si a incumbência de enfrentar o problema e encontrar soluções. É assim que as coisas estão dispostas na sociedade brasileira. Após o golpe de 1964, o problema do menor passou a ser considerado um dos problemas de segurança nacional que deveria ser resolvido na medida em que fossem criadas instituições estaduais que, respondendo ao Estado, corrigissem as deficiências nos aspectos biopsicossociais decorrentes da marginalidade.

Foi nos Estados Unidos, na década de 20, que começaram a ser desenvolvidos os primeiros estudos a respeito da marginalidade, devido, principalmente, ao fluxo imigratório que se deu naquele país e que se concentrou nos centros urbanos, misturando-se aos negros.

Estes imigrantes eram comumente designados como portadores de um padrão cultural que se diferenciava do americano. Por conseguinte, ao participarem da vida americana, estes sujeitos apresentavam defasagens que iam do idioma às representações religiosas, passando por formas de famílias consideradas extravagantes. Claro que o negro já fora motivo de estudos, alguns dos quais chegavam a identificar a questão da rebeldia do negro contra a escravidão já não mais como crime, mas como doença mental.

Interessante notar que aqueles imigrantes que enriqueciam não eram considerados como culturalmente desviados do padrão norte-americano, visto que eram anexados pela burguesia expansionista. Os que fugiam ao padrão eram operários, artesãos, pequenos comerciantes, que eram tomados em conjunto com os negros e com os que não conseguiam ser absorvidos pela produção.

Estes estudos, feitos por psicólogos, assistentes sociais, sociólogos, psiquiatras, historiadores, economistas e advogados, concluíam que o efeito do conflito entre as culturas, ao incidir na personalidade do indivíduo, acabava criando o homem marginal: aquele não totalmente integrado na sua situação presente de vida.

Este argumento irá justificar o paralelo ocorrido no Brasil, nos anos 50, com o fluxo migratório para os centros urbano-industriais. A marginalidade social no Brasil será entendida como sendo decorrente do processo migratório originado pelo desenvolvimento da indústria que propiciou o crescimento das cidades.

Em sua maioria mão-de-obra não-especializada, os migrantes encontraram dificuldades para se empregar e foram morar nas favelas ou nos bairros mais distantes da cidade, que não tinham rede de esgotos, luz ou água encanada. Ficaram conhecidos como os "paus-de-arara", porque chegavam em caminhões vindos do Nordeste do país, fugindo da seca e esperançosos por encontrar, principalmente no eixo Rio-São Paulo, uma forma de vida menos sofrida.

Tornavam-se empregados temporários e suas mulheres saíam para o trabalho, geralmente como domésticas. Os filhos ficavam expostos às desgraças da "vida da rua", acabando por se juntar aos maus elementos e entrando para o mundo do crime.

Formou-se o homem marginal brasileiro, fruto do choque entre o padrão cultural do mundo rural com o padrão cultural urbano, desorganizando sua família.

A adaptação ao novo meio introduziu os pais ao uso desmesurado de bebidas alcoólicas, aumentando os espancamentos dos filhos. Tornaram-se comuns pais que trocam bordoadas e filhos que são pressionados a saírem em busca de sustento para prover a família dos meios de subsistência, abandonando a escola. A sexualidade nestas crianças tornou-se precoce e a prostituição uma fonte de renda, assim como o tráfico de drogas, e furtos e roubos passaram a ser elementos "naturais" para a sobrevivência. A sociedade está em perigo.

A marginalidade social entendida como fruto da desqualificação da mão-de-obra migrante, famílias desestruturadas, choque de padrões culturais, deterioração dos valores, tudo isso cria a situação irregular.

Procura-se, através desta explicação do acontecimento, fundamentar a idéia de que todos os que estão em situação irregular vivem na marginalidade social porque foram ou são incapazes de se integrar plenamente. Daí decorre o problema do menor no Brasil, tal como ele é considerado pelo Estado. Não é difícil notar que este crescimento da marginalidade irá contribuir para o crescente grau de violência na cidade.

A solução encontrada foi a de criar uma instituição para corrigir esta defasagem nos menores, procurando integrá-los socialmente. Está identificado, para o Estado, quem gera o menor e de onde provém a violência.

Moral da fábula

Nem toda criança ou jovem é menor. Menor é aquele que em decorrência da marginalidade social se encontra, de acordo com o Código de Menores, em situação irregular. Esta engendra condições para que ele cometa infrações, condutas anti-sociais que no seu conjunto revelam uma prática delinqüencial. O combate a isso exige uma instituição criada para suprir as deficiências de adaptação decorrentes da vida marginal.

Menor é aquela criança ou jovem que vive na marginalidade social, numa situação irregular.

EM BUSCA DA LIBERDADE

Os jovens são incendiários, querem contestar tudo e todos. Porém, quando adultos se tornam bombeiros, preocupados em manter as garantias que a vida lhes deu.

Este pensamento muito difundido busca justificar a rebeldia como situação passageira de vida, que no futuro facilita a adequação do indivíduo à sociedade. A rebeldia dos jovens nada mais seria do que uma característica necessária de ajustamento ao chamado sistema, e para que este se aperfeiçoe.

Como adulto, mais tarde, a chama da rebeldia vai sendo apagada pela reflexão de que naqueles tempos não havia compromissos a serem cumpridos. Esta idéia foi se tornando cada vez mais difundida, levando ao que se chama de tolerância para com os jovens, e que caracteriza o relacionamento, nos centros urbanos, entre pais e filhos da chamada classe média para cima.

A tolerância passou a ser a medida das pessoas sensatas. Pais sensatos "entendem" a rebeldia de seus filhos pois, no futuro, ancorados nas garantias materiais e educacionais, estas crianças e jovens se tornarão mais flexíveis para com seus filhos, conservando seus bens e padrão de vida. Eles dizem: enquanto não roubam e respeitam a casa, tudo não passa de problemas da juventude que com o tempo passam. A isso, ao invés de tolerância, seria mais apropriado chamarmos de conformismo.

Os incendiários

O projeto de um futuro garantido estaria fundamentado na sensatez das decisões e na estabilidade econômica. Luxo para si. É a justificativa do mundo disciplinado que se impõe aos jovens, é o discurso preconceituoso que justifica uma forma de vida como melhor e que se arvora em ser exemplo para todos.

O lado ocidental do planeta pouco mudou neste século. Hoje, quem sabe, talvez tenha se tornado mais flexível, aceitando comportamentos sociais diferentes que lentamente foram incorporados às regras dos costumes.

Ao mesmo tempo, a chamada contestação foi

se tornando cada vez mais absorvida pela indústria, que para se revigorar necessita de jovens não só trabalhando em suas máquinas e escritórios, mas pensando e agindo.

Após a Segunda Guerra Mundial, a insatisfação com a mesmice disciplinar levou vários jovens a se rebelarem através da música, teatro, cinema, literatura, associando esta rebeldia a formas de vida alternativas. Surgiram o *hippie*, o motoqueiro, o ecologista, o homossexual, a feminista, o independente, e outras figuras que iriam dilatar a figura do existencialista do final da guerra.

Percebendo que estas figuras sociais tendiam a se proliferar e que procuravam ir construindo seu modo de vida sem se identificar com nenhum qualificativo que a ordem social lhes impunha, começa a contra-revolta dos costumes através da padronização do estilo de vida em moda. O *jeans* virou corte de costureiros famosos, a moto uma opção econômica de transporte para executivos, a ecologia foi taxada de atitude romântica, o homossexualismo e o feminismo tornaram-se estética do corpo e as seitas religiosas industrializadas proliferam.

A mais cantada de todas, a liberdade sexual, ajudou a refazer a família sob relações maritais mais flexíveis, em que a durabilidade do casamento não significa mais a união eterna entre duas pessoas, mas a dinâmica de um novo circuito casamento-divórcio-casamento, revitalizando a chamada

O que é Menor 41

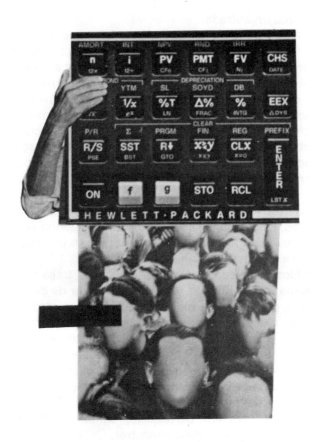

"... *a escola não mais objetiva a formação humanística herdada dos princípios da Revolução Francesa, mas privilegia o ensino técnico* ..."

família organizada.

Não estamos afirmando, com isso, que o jovem se tornou passivo, mas querendo realçar que a contestação passou a ser assimilada mais facilmente pela sociedade industrializada moderna.

Como já salientamos anteriormente, jovens e menores são formas pelas quais, socialmente, se diferenciam os adolescentes segundo sua classe social. O argumento que sustenta a combinação incendiário-bombeiro procura generalizar comportamentos a partir de uma idéia que tem por base a diferenciação entre os indivíduos. O jovem incendiário ou revoltado, em determinados círculos, se transforma em trombadinha, delinqüente ou menor infrator, qualificativos para os de origem social na classe trabalhadora.

Nossa sociedade busca disciplinar o trabalho, a escola, a família, etc. através do mando de autoridade, para manter esta ordem social sob controle.

A chamada moderna sociedade ocidental é aquela que se industrializou e mecanizou o trabalho. Seu objetivo é obter lucros cada vez maiores através do aperfeiçoamento tecnológico, exigindo uma mão-de-obra cada vez mais especializada. Hoje, o operário não mais faz a peça inteira, mas se especializa em parte dela, como a indústria automobilística pode demonstrar. Os trabalhadores intelectuais, como o engenheiro, o contador, o médico, o professor, o bancário, etc., também foram se tornando trabalhadores especializados em partes. É a fase da sociedade submetida ao controle do trabalho pelo detalhamento de cargos e funções, pela classificação e pela hierarquia.

Isto diversificou os objetivos da escola e impôs uma redefinição da organização familiar.

A escola não mais objetiva a formação humanística herdada dos princípios da Revolução Francesa, mas privilegia o ensino técnico, sem revelar ou dar condições para que se descubra o que existe além da "técnica pela técnica".

Da família se exigiu o trabalho para pais e mães, nas indústrias, bancos, campo ou serviços, desde que necessários para a expansão do capital. Isto levou a uma mudança no papel da mãe, cuja função era prendas do lar. Foi forçada a colaborar com a renda da casa, ainda que a isso se dê o nome de libertação da mulher. No entanto, esta nova condição abalou o machismo, alterando o cotidiano das relações maritais.

A velha família que formava suas filhas como normalistas para se casar, procriar e ser companhia duradoura e fiel do marido foi sendo substituída pela família moderna, que refez o casamento não mais como uma relação duradoura, mas como instituição flexível que acomoda várias relações maritais.

Este processo que levou à alteração da família ocorreu neste século. As descobertas tecnológicas deram suporte aos Estados para que a industrialização se tornasse o grande acontecimento e para que tudo girasse disciplinadamente em torno dela. Em seu bojo, se fez o *New Deal* de Roosevelt, nos EUA, na década de 30, como resposta ao *crack* de 29; os bolcheviques fizeram sua revolução alterando o domínio aristocrático-fundiário da Rússia; no Brasil, sob a ditadura de Vargas, a indústria iniciou sua expansão. Com as guerras, houve a necessidade não só da reconstrução da Europa, mas também a de fazer a América Latina, e principalmente o Brasil, dar o "salto para o desenvolvimento".

É neste momento que a contestação assume características novas. Até então, a contestação se voltava mais para o âmbito das conquistas ao nível do Estado em torno do direito do voto pelas mulheres, garantia de jornada de trabalho de oito horas e férias, direito à greve, ou aparecia como revoltas e revoluções que procuravam desestabilizar ou romper com a dominação burguesa.

É cristalizada a idéia da divisão do planeta em Oriente-Ocidente, capitalistas-socialistas, direita-esquerda e outras dicotomias que procuram justificar a dominação.

As cidades passam a ser metrópoles. A violência parece que se propaga. Contestações de diferentes matizes contribuem para que os jovens passem a ser definidos como rebeldes.

Os estudos em psicologia e sociologia, ancorados em fundamentos como o estatuto de ciência, afirmam que na sociedade se representam papéis.

Assim, atribuem a definição de jovem a um quadro de referência que vai do adaptável ao inadaptado.

As novas contestações parecem buscar questionar a mecanização e, ao mesmo tempo, modificar o chamado processo de desenvolvimento.

Já deixaram de ter sentido movimentos sociais que girem em torno da idéia da volta ao bom selvagem imaginado por Rousseau. Ao mesmo tempo, não há mais lugar para afirmações como a do pensador inglês John Locke, que propunha a exclusão da escola de crianças que não fossem provenientes de famílias abastadas, porque elas deviam trabalhar e esta atividade não necessitava de pessoas mais que ignorantes.

A escola, sob os auspícios do Estado, foi se estabelecendo com o processo de industrialização. Seu objetivo tem sido comandar as crianças ensinando-as a assimilar pensamentos, ações e posturas em torno da autoridade, como adultos. A escola passou também a excluir crianças da sociabilidade, utilizando o argumento da evasão.

O argumento da evasão escolar passou a ser o trunfo de uma escola decadente que constrói prédios, emprega professores, mas que não tem condições de educar. Essas crianças, que no dizer da escola são menores, desrespeitam tanto o prédio e suas instalações como professores e inspetores. Alegando ser impossível retê-las em suas instalações, porque provenientes da marginalidade, a escola aperfeiçoa os mecanismos de exclusão à educação, para preservar seu modelo de formação de crianças com a cabeça de "adultos responsáveis".

Será que todo jovem incendiário que na vida adulta não se transformar em bombeiro virará um piromaníaco social?

As primeiras contestações pós-guerra foram decorrentes da bomba atômica jogada sobre Hiroshima e Nagasaki, no Japão, e que liquidaram com milhares de pessoas inocentes. Foi um genocídio. Pessoas mortas e mutiladas física e geneticamente, vegetação e rios poluídos, a palavra como forma de contorno para as desavenças políticas, subordinada à força militar. Ao mesmo tempo, segundo as autoridades estatais, a bomba selou novamente a paz no planeta.

Com efeito, a política é uma guerra prolongada por outros meios. De que lado nos encontramos: do lado de quem manda e amplia a centralização da autoridade, ou dos que querem a vida vivida fora do controle dos Estados?

Os países saíram em busca da fórmula da bomba e iniciaram sua produção e a construção de abrigos antiatômicos, procurando se tornar mais fortes. A guerra fria desencadeada entre americanos e russos tomou corpo. O lema das grandes potências passou a ser: da bomba à conquista dos satélites e planetas do sistema solar. No meio desta estrepolia alucinante dos poderosos, Gagárin é lançado ao espaço e nos diz que a Terra é azul!

O *rock* dispara como o som da época, reescrevendo toda a música que o antecedeu. Traz em seu bojo a indústria fonográfica e a abundância de jovens que buscam se tornar ou reverenciar ídolos. Novos ídolos se constroem e desaparecem rapidamente. Alguns ficam, marcando com tal força os jovens que John Lennon chega a afirmar, no final da década de 60, que os Beatles eram mais conhecidos que Jesus Cristo. Ao mesmo tempo, Jim Morrison, vocalista dos The Doors, alertava para o fato de que quando alguém declara paz à autoridade se transforma em autoridade.

Os jovens se acotovelam, massificados frente aos ídolos do *rock*. Copiam gestos, roupas e comportamentos. A indústria se diversifica, ditando o vestuário, o corte de cabelo, o calçado, a literatura, tudo para consumo rápido. Neste enfrentamento entre a indústria do consumo e a busca de adesão ao conformismo, e as buscas de rompimento gradual com a rigidez dos costumes, o *rock* veio recolocar a questão da censura ao corpo. Do fetiche do corpo via pornografia afirmando a dominação masculina, vamos dar na tentativa de quebra do tabu da virgindade. O movimento feminista põe o machismo em xeque ao mesmo tempo que lhe dá condições para se reescrever. Outra dicotomia, além da do machismo x feminismo, se coloca: homossexuais x heterossexuais. A opção se dá entre isso e aquilo.

Mesmo assim, as famílias erguem seus muros

mais alto. Massificadas pelos órgãos de segurança, procuram se defender deste surto delinqüencial, para preservar sua moral. Os filhos começam a ameaçar escapar-lhes pelos dedos. Não dá para segurar ter sua autoridade contestada. Precisam refazer sua moral de dominação sob outros moldes, e nada melhor do que institucionalizar os questionamentos, para ter os jovens de seu lado de novo, apagando-lhes o fogo.

Os jovens começam a ganhar uma batalha. Surgem, com os primórdios do *rock*, as chamadas gangues motorizadas de blusões de couro "barbarizando" pelos bairros, embaladas pela cerveja, e a descrença na escola, nos recolhimentos para delinqüentes, na falta de emprego e numa família que a todo custo procura manter as aparências. Na arqueologia da contestação moderna, serão eles os novos paladinos do mundo novo ou os embriões da barbárie?

Mais tarde, os *hippies* procuram na vida comunitária a saída para a mecanização e a agressão promovida pelas gangues: propõem a vida com paz e amor. Renegam a indústria, o comportamento padronizado, as proibições, o álcool, a divisão sexual e o casamento. Queriam ou pareciam querer um tempo para pensar o que propor. A indústria e o Estado, respaldando o conformismo da massa, não deram este tempo e brecaram o movimento com apelos diferenciados que acabaram por confundir os contestadores com os caretas.

Outro movimento contestatório tem uma origem nos estudantes dos ginásios e universidades que, identificando a autoridade centralizada (na família, escola, partido, Estado, trabalho) como a disciplinadora estética e política, propõem o fim desta sociedade. "É proibido proibir" se torna um dos lemas-chave dos estudantes e dos insatisfeitos no final dos anos 60, na Europa, EUA e América Latina.

A saída não estaria na comunidade *hippie*, mas na destruição do Estado. A derrocada do movimento acaba provocando o surgimento de várias organizações que buscam resistir à violência instituída com uma estratégia violenta. Surgem as Brigadas Vermelhas e o Baader-Meinhoff na Europa, e os guerrilheiros urbanos e rurais proliferam, sob vários lemas políticos, na América Latina e no Brasil, ativando a década de 70.

Lá, eles se rebelam contra um Estado de bem-estar social que lhes tolhe a criatividade, transformando-os em disciplinados burocratas gerentes dos donos do poder.

Aqui, no Brasil, se rebelam contra a ditadura que lhes tolhe os direitos mínimos e superexplora o trabalho, objetivando disciplinar a sociedade pela estratégia do desenvolvimento com segurança.

Estes incendiários dos costumes, da escola, da estética, da família, da mecanização, do Estado, quantos hoje não fizeram seu *mea culpa* e, acolchoados em cargos em órgãos estatais ou privados, não se imaginam citando programas que melhorem as condições das chamadas "populações carentes"?

Os piromaníacos sociais

Estes movimentos como o dos *hippies* e o da contestação estudantil foram proclamados por jovens oriundos em grande parte de famílias da classe média, que não só possuíam um acesso regular aos bens de consumo, como também à educação, colocando-se fora dos limites à ignorância.

Com relação aos *outros* jovens, filhos da classe operária empregada, subempregada, parcialmente empregada ou desempregada, suas formas de contestação aparecem sob outra coloração.

Já nos referimos, noutro lugar, ao fluxo imigratório, principalmente da América Central para os EUA, que veio se somar ao grande contingente de negros, nos centros urbanos, acarretando o que os sociólogos e psicólogos da época chamaram de homem marginal. Na Europa, após a Segunda Guerra Mundial ocorreu um crescimento muito acentuado da imigração, principalmente de portugueses, espanhóis e norte-africanos para os países onde a indústria se restabeleceu mais plenamente, como na Alemanha Ocidental.

Estes fluxos imigratórios de setores da classe operária para zonas que ofereciam empregos no

O que é Menor

planeta acabou contribuindo para que o movimento operário fosse se tornando cada vez mais diferenciado em termos de propostas políticas, e mais institucionalizado. Juntamente, neste processo, os filhos dos operários imigrantes foram sendo discriminados no interior destes países devido a um reflexo da discriminação interna, por nacionalidades, que ainda persiste em parte da classe operária, apropriadamente chamada de aristocracia operária, e que encobre a discriminação entre os operários decorrente da especialização para o trabalho.

No Brasil, por exemplo, os imigrantes europeus no início do século foram muito importantes para a classe operária nascente, pois trouxeram reivindicações importantes para que se tornasse possível sua embrionária organização. Destacam-se os grupos anarquistas espanhóis e italianos e a posterior criação do Partido Comunista.

Estes imigrantes vieram se juntar aos negros que, expulsos das fazendas após a lei de abolição, acabaram migrando para os centros urbanos com sua prole. O que ocorre, por um lado, é um aumento do número de negros desempregados, pois foram substituídos pelos imigrantes — mão-de-obra qualificada para o "deslanche da economia" —, e, por outro, um aumento do número de trabalhadores contestadores.

Por essa nova condição social, o negro deixou de ser escravo e passou a ser marginal. Os operários brancos, mão-de-obra especializada, mas politizada, passaram a ser severamente controlados pelo Estado, que regulamentou uma lei de extradição para aqueles que contestavam, após processo e prisão.

As crianças negras marginalizadas e as crianças imigrantes politizadas desde pequenas se misturaram com outras trocando informações, formas de organização familiar, brincadeiras e jogos, indicando que despontava uma geração nas cidades que poderia se contrapor ao Estado, caso esse não bloqueasse as ações de seus pais.

Já na década de 20, o Estado procurou regular o trabalho do menor, proibindo-lhe o turno da noite. Porém seu destino era o trabalho. A escola era para os filhos dos fazendeiros e industriais que eram preparados aqui para se aperfeiçoarem no exterior, a fim de seguirem os negócios da família. Os filhos dos burocratas iam à escola para manter no futuro seu padrão de vida, ocupando postos num Estado que tenderia mais tarde a se expandir. As atividades escolares para os filhos da classe operária praticamente inexistiam, com exceção talvez das experiências dos imigrantes anarquistas italianos. Parecia que, séculos mais tarde, o Brasil ainda partilhava do ideal de John Locke.

A chamada Revolução de 30, no Brasil, e a posterior decretação do Estado Novo, ou ditadura de Vargas, colocou barreiras sólidas para que aquela geração de possíveis contestadores da classe operária tivesse voz e vez. O Estado investiu no setor mais conservador da classe operária, o trabalhismo, fazendo deste sua ideologia e princípio de orientação para controlar a classe operária. Procurava mantê-la na ignorância através de uma política que chamava para o Estado a incumbência de tutelar esta classe operária ainda menor, para que chegasse à sua vida adulta concorde com o Estado.

Os filhos da classe operária foram crescendo sob o medo da repressão, sendo calados, pressionados a se calarem para manter seus empregos e submetidos a outras estratégias que levaram a hoje se ter, no Brasil, uma classe operária que ainda procura, através de alguns segmentos politizados, traçar um caminho próprio, independente da tutela do Estado. Afinal a classe operária, para os grupos dominantes, se tornou adulta, mas ainda não pode viver sem um tutor.

Estes jovens e homens, hoje, foram criados sob a pecha social de suspeitos porque grevistas, assaltantes, ladrões, negros, baianos, nordestinos, paus-de-arara, bandidos, maconheiros, tarados, viados, putas, trombadinhas, trombadões, marginais, comunistas, loucos, etc. São um perigo para os donos do poder.

Eles ficaram longe dos *hippies* e dos contestadores estudantis. Sua contestação, no dizer do historiador Eric Hobsbawn, poderia ser definida como a de rebeldes primitivos, porque pré-políticos, por não possuírem uma forma organizada e dirigida para suas reivindicações. Para autores da escola americana, são delinqüentes que necessitam de instituições de recolhimento para poderem se tornar adaptáveis.

Perante a lei são menores que deverão ser educados para se tornarem adultos respeitosos. Socialmente são menores oriundos de famílias desorganizadas, incapazes de lhes dar a educação elementar. Psicologicamente são considerados imaturos e portam personalidades com desvios de conduta. Estas características levam o Estado, através da legislação (Código de Menores) e de instituições (Fundações Estaduais do Bem-Estar do Menor), a defini-los como perigosos.

Enfim, várias formas de conhecimento procuram, através de definições, criar condições para que instituições e estigmas sociais se exerçam visando o controle cada vez mais ferrenho sobre estes jovens.

Marx e Engels, em suas pesquisas realizadas durante o século XIX, afirmavam que o movimento de expansão e retração da indústria gerava um exército industrial de reserva que, crescendo cada vez mais, criava as "classes perigosas" ou o *lumpen*proletariado.

Este segmento social, segundo os autores, tenderia politicamente a se alinhar, nos momentos de crise, às políticas das classes dominantes e ao lado da repressão policial contra a massa trabalhadora.

No século XX, o fascismo e principalmente o nazismo vieram confirmar a atualidade das proposições de Marx e Engels sobre as "classes perigosas", que congrega desde mendigos, empregados temporários, assaltantes e até crianças.

Vivendo uma situação de crise econômica com desemprego acentuado, estas criaturas engrossaram os movimentos totalitários cujo objetivo principal era o de consolidar as posições da ordem frente a uma classe operária que, apesar de dividida em várias facções políticas, questionava frontalmente a dominação burguesa, que não conseguiu se manter pelos mecanismos consensuais, e teve de utilizar a força.

Verdadeiros exércitos infanto-juvenis (eles diriam, de menores) foram criados para vigiar e delatar aqueles que se opunham à ditadura. Nesta ocasião, a justificativa legal de que menor de idade ainda não possui responsabilidades sociais caiu por terra. A responsabilidade social para rebaixar a idade penal do jovem somente tem sentido para os interesses realizados pelo e dentro do Estado. Mendigos e menores foram alçados à condição de autoridades fardadas. As patentes dos uniformes iriam diferenciar bons e maus: o policial e o prisioneiro.

No Brasil, a Ação Integralista Brasileira, que se inspirou francamente nestes movimentos totalitários europeus, também criou sua milícia mirim recrutada em grande parte junto aos filhos de imigrantes na zona rural.

Mas estas "classes perigosas", que possuem em

seu interior jovens e crianças estigmatizadas como menores, serão sempre o exército que a burguesia poderá recrutar a qualquer momento?

Resposta a esta questão, somente a própria classe operária poderá dar.

Enquanto isso, estas crianças são consideradas malandros e moleques. Quando se aproveitam dos benefícios econômicos consolidando posições socialmente reconhecidas e aceitas, são considerados malandros. Por outro lado, quando se insurgem contra a autoridade, são chamados de moleques.

A molecagem é própria da rebeldia do jovem. É o seu caráter de incendiário. O malandro, por sua vez, é o rebelde que se fez respeitar através das formas pelas quais obtém vantagens, e que estão diretamente vinculadas ao suborno e à corrupção institucionalizada.

Os chamados menores são ao mesmo tempo moleques e malandros, pois a situação de vida em que estão os envolve com a polícia e com o mercado de objetos roubados, mercado sem garantias trabalhistas. Neste cenário, as quadrilhas geram suas estratégias de sobrevivência, infringindo a lei, às vezes sendo apanhadas e outras pactuando com autoridades.

Excluídos do circuito escolar por deficiências elementares de proteínas, concentração e reflexão nos estudos; subordinados à rigidez da disciplina escolar; forçados a obter sustento para si, quando não para toda a família; envolvidos pelos apelos ao consumo mas sem ter dinheiro para comprar; tudo isso e um pouco mais faz com que sua condição de menor se torne estratégia de sobrevivência. Assim, se para o Estado e setores sociais preconceituosos o menor é um suspeito perigoso, para ele, ser menor passa a ser uma possibilidade de resistir.

Para o menor o sentido das coisas só existe num momento, e deste momento ele tem de "sair limpo". Quando sai, diz-se que ele é um malandro, quando não, um moleque. Apanhado, se torna o otário ou "laranja", porque vai ser recolhido para uma instituição de menores e lá dentro pode vir a se atualizar na malandragem. Enfim, ele é malandro ou moleque por determinados períodos, porque o arranjo entre criminosos e autoridades pode transformar um grande malandro em otário e vice-versa, dependendo do que está em jogo.

Os juízes, sociólogos, assitentes sociais e psicólogos dizem que esta situação do menor oriundo de família desorganizada, vivendo uma situação irregular, o coloca no mundo do crime. Estas autoridades e pensadores nada mais fazem do que, a partir de fatos isolados, construir uma explicação generalizante. São os gerentes do poder e da ordem, e seus mandarins.

O mundo do crime é habitado por malandros, moleques, menores, jovens, crianças, adultos, patrões, empregados, autoridades, intelectuais, gente. Mas por mundo do crime se define o lugar onde vivem réus ou suspeitos. Nem todo criminoso que habita este hipotético mundo do crime é criminoso perante a lei e a autoridade.

A situação social coloca o sujeito na maioria das vezes como suspeito. Negros, mexicanos, turcos, nordestinos, chineses, judeus, para onde quer que vão, dependendo de sua origem social, se tornam suspeitos.

As teorias das raças, e o nazismo é seu expoente maior, foram desenvolvidas justamente para afirmar não somente a superioridade do branco europeu sobre as outras raças, como forma de divulgar a incompetência das demais frente ao avanço tecnológico que é comandado pelos dominadores. As outras raças, concluem os racistas, chegaram onde se encontram porque o branco lhes trouxe a civilização.

A sociedade industrial liquidou com o crime famélico. Hoje, os menores, filhos bastardos do proletariado, atacam em direções diversas, ilegalmente. Legal, para a ordem, é adquirir seus bens pelo trabalho, ainda que ele não seja para todos, e que as condições de trabalho sejam extenuantes e os salários constrangedores.

"Conformem-se, porque um dia vocês chegam lá." Eis aí o lema do poder! Chegam coisíssima nenhuma, retrucam os que não ficaram cegos e rebatem: "Então, por que não se rebelam?"

As condições da vida industrial são definidas pela necessidade de quem domina de manter a maioria inculta, de bloquear suas ações procurando dividi-la e capturá-la fazendo-a acreditar que o Estado é o seu guardião através da transformação do direito do voto em ritual eleitoral chamado democracia, socialismo, autoritarismo, etc. e tal, com suas instituições de bem-estar.

Para o Estado, até certo ponto, incendiários e piromaníacos sociais são iguais. Os que se ajustarão e os que deverão ser ajustados através de recolhimentos estão à mercê da autoridade e de seu padrão de aceitabilidade. Ambos são miniaturas de adultos.

As crianças não são propriedade de ninguém, pais ou Estado, afirmou certa vez Bakunin, porque pertencem somente à sua futura liberdade. O futuro lhes pertence.

Mas o que vivemos está num mundo que gera crianças para que estas sejam espelho de pais. Não é raro a criança repetir pensamentos de seus pais e, no entanto, é difícil saber quando um pai ou mãe modificou parte de sua vida pelo que aprendeu com seus filhos. As crianças são tidas para aprender e os pais para ensinar.

A inútil neutralidade

O avanço da sociedade industrial exige paulatinamente uma participação cada vez maior do

Estado na orientação das relações sociais. Proliferam as instituições de bem-estar, procurando com isso buscar soluções para os problemas sociais.

O objetivo é manter a maioria cada vez mais distante dos questionamentos políticos. A política fica reduzida ao exercício eleitoral, que de tempos em tempos regula o rodízio e a expansão dos políticos profissionais e dos técnicos.

A razão industrial está voltada para a obtenção dos rendimentos econômicos que são extraídos do trabalhador. É necessário consumir suas energias para que não lhe restem condições para o questionamento, para posteriormente enviá-lo para o cemitério dos vivos: o exército de reserva.

A expansão das burocracias vai se tornando cada vez mais sólida e, assim, vai justificando sua influência em torno da suposta necessidade do Estado resolver problemas sociais de moradia, violência, desajustes, emprego, lazer, educação, saúde, propriedade, etc.

Os problemas recebem estatuto de problemas sociais a partir do momento em que o Estado os hierarquize, bloqueando qualquer forma de associação livre entre os sujeitos para a solução dos entraves.

Todos devem manter ou galgar posições mais altas. Os pais, a escola, a indústria, os bancos querem isso das crianças quando adultos.

Para subir o semáforo está verde, desde que se acatem as decisões superiores e se compactue

O que é Menor 61

"Ser neutro é manter uma posição política de consentimento com quem manda..."

com as opiniões dominantes, disciplinadamente. Propaga-se desta maneira a crença na autoridade do Estado, esteja ele sob o comando de ditadores ou de democratas.

O lema deste continuísmo mecânico e obtuso sob corpos e mentes é a neutralidade.

Ser neutro é manter uma posição política de concordância com quem manda. Quando uma situação exige uma decisão, ela requer que tomemos uma posição porque estamos dentro dela, às vezes independentemente de nossa vontade. Dentre as várias posições que podemos assumir, existe a mais fácil e menos comprometedora, que é estar em concordância com quem manda, e a mais sorrateira, que é ser neutro.

Como uma decisão é fruto do choque entre mais de uma posição, a neutralidade nada mais é que acomodar-se à posição do mais forte depois que este se estabeleceu, subordinando outras posições políticas ou mantendo suas posições. Ser neutro é a fórmula ideal para quem abdica de si. É a verdade do poder do Estado moderno industrial.

Os contestadores dos costumes, regimes, propriedade e do Estado procuram definir suas posições. Os chamados marginais enfrentam no dia-a-dia as autoridades, frente a frente com a polícia, juízes e recolhimentos. A rebeldia, de forma organizada ou não, enfrentando o poder estabelecido, pode capturar de volta para os homens a liberdade aprisionada no Estado.

O que é Menor 63

Os incendiários e piromaníacos sociais não podem existir com sua juventude para aperfeiçoar o sistema e melhorar as relações de autoridade, virando conformistas que apregoam aos quatro cantos seus deslizes de adolescentes, com o velho jargão de "coisas da juventude".

Os bandidos e mocinhos, incendiários, piromaníacos e bombeiros, menores e jovens, integrados e delinqüentes, disciplinados e revolucionários, existem como criações de uma vida social aprisionada nos limites impostos à liberdade, que se expandem quanto mais nos coloquemos concordes ou neutros em relação ao poder.

A divisão da sociedade ocidental em classes, a partir da apropriação burguesa da riqueza social produzida por todos, ou o domínio da burocracia estatal sobre os trabalhadores, de outro lado, testemunham um momento da história do homem. O destino não está definido, apesar das várias propostas políticas que apregoam a continuidade deste estado de coisas.

Há mais samba, *rock*, guarânias, óperas e sinfonias do que imagina o maestro.

Por mais que se possa fazer para que a criança se pareça com o adulto, isto não é eterno. Por mais que se designe coisas que devem ser subordinadas ao poder como coisas menores, elas não o são.

As revoluções e as ditaduras atestam que, nos momentos de crise, os jovens são recrutados para que com suas ações entrem anonimamente para a história que consagra heróis. Uma hora, não mais separados em jovens e menores, livres de pensar por dicotomias, terão condições de não ser considerados como miniaturas de adultos pela lei, pela ciência, pelos homens divididos, e com estes romper os limites impostos pelas autoridades à liberdade.

Pequenas conquistas não fazem mal a ninguém. Pé na tábua, porque "mistério sempre há de pintar por aí".

O chamado circuito da vida do menor, que vai da marginalidade ao crime, deste ao recolhimento e à volta ao crime, culminando na prisão ou morte por enfrentamentos entre si e com as autoridades, tem de ser rompido. O problema também é seu.

INDICAÇÕES PARA LEITURA

Não é muito extensa a bibliografia sobre menores. Aliás, no Brasil, somente a partir da década de 70 é que se tem estudado o tema com maior sistematização. Gostaria de registrar algumas sugestões que me parecem ser essenciais para quem se interessa em aprofundar o assunto.

O médico-pediatra Mario Altenfelder tem publicada uma série de discursos por ele proferidos, quando ainda ocupava a presidência da Fundação Nacional do Bem-Estar do Menor e a Secretaria da Promoção Social de São Paulo, que se chama: *Bem-Estar e Promoção Social*, São Paulo, 1980. São discursos que revelam: a) a postura do Estado brasileiro com relação à questão do menor a partir da postura biopsicossocial; b) a política nacional do bem-estar do menor fundamentada na teoria da marginalidade social; c) o autoritarismo na aplicação do modelo de integração social. Vale a pena ser lido por quem estiver disposto a aprofundar uma análise do discurso político do Estado sobre o menor.

O Centro Brasileiro de Análise e Planejamento (CEBRAP) publicou *A Criança, o Adolescente e a Cidade,* São Paulo, 1974. Talvez tenha sido o primeiro estudo crítico sistematizado sobre menores no Brasil. Escrito no início dos anos 70, de difícil acesso, é importante para o estudo da origem social dos menores.

O livro de João Benedito de Azevedo Marques, *Marginalização: o Menor e a Criminalidade* (São Paulo, McGraw-Hill do Brasil, 1976), é uma outra versão oficial do problema do menor visto por um dos ex-presidentes da FEBEM-SP, com uma versão menos rígida que a de Altenfelder. Contém muitos dados oficiais.

José J. Queiroz é organizador do livro *Mundo do Menor Infrator* (São Paulo, Cortez, 1984), um relato de pesquisa feito por grupo interdisciplinar do qual participei. Muitos depoimentos analisados a partir de uma postura bem crítica. É uma viagem louca para dentro de uma instituição de menores vista por eles, por dentro e por fora. Leitura tranqüila!

O livro de Rinaldo Arruda, *Pequenos Bandidos* (São Paulo, Global, 1983), também é muito gostoso de ler, além de ser um dos trabalhos mais importantes sobre menores egressos de instituições.

Rosa Maria F. Ferreira escreveu, também com

O que é Menor

um grupo de pesquisadores, *Meninos de Rua* (São Paulo, Comissão de Justiça e Paz e CEDEC, 1980). É um estudo realizado com crianças que vivem na rua fazendo biscates e trabalhando, um relato com muitas colocações importantes. A primeira parte é um pouco técnica e específica para sociólogos, mas a seguir o livro é imperdível.

Maria Lucia Violante escreveu *Dilema do Decente Malandro* (São Paulo, Cortez, 1981), pesquisa feita com menores internos da FEBEM-SP, contendo vários depoimentos importantes e análises sugestivas.

Por fim, gostaria de indicar o livro de José Ricardo Ramalho, *O Mundo do Crime: a Ordem Pelo Avesso* (Rio de Janeiro, Graal, 1979). Rico em depoimentos de prisioneiros da Casa de Detenção de São Paulo condenados por crime contra o patrimônio. A entrevista e o capítulo final do livro colocam claramente o destino dos menores.

Em termos de literatura, vale a pena, entre outros, Herzer, *A Queda Para o Alto* (Petrópolis, Vozes, 1982) e Plínio Marcos, *Inútil Canto e Inútil Pranto Para os Anjos Caídos* (São Paulo, Lampião, 1977), como retratos do abandono, do submundo, de estratégias de vida e resistências. O imperdível *O Apanhador no Campo de Centeio*, de Sallinger, romance que viaja fundo no mundo do adolescente e, ainda, o diário de Rachel Sherbam, que se encontra em *Shikasta*, de Doris Lessing, um dos mais sensíveis, profundos e inquietantes momentos de reflexão sobre os adolescentes.

Biografia

Sou paulistano, pai de três filhos e vivo com uma mulher incrível.

Fiz Ciências Sociais na PUC-SP, onde concluí meu Mestrado em Ciências Políticas com uma pesquisa sobre "Estado de Bem-Estar Social e Política Nacional do Bem-Estar do Menor no Brasil". Sou professor do Departamento de Ciência Política da PUC.

Publiquei com amigos *O Mundo do Menor Infrator* e dois artigos sobre política e loucura, após convivência com os internos do Manicômio Judiciário de Franco da Rocha, São Paulo.

Pertenço ao Movimento em Defesa do Menor, que objetiva defender os direitos de jovens e crianças e que se localiza à Rua Capote Valente, 423, fone: 881-0601, São Paulo, capital.

Caro leitor:

As opiniões expressas neste livro são as do autor, podem não ser as suas. Caso você ache que vale a pena escrever um outro livro sobre o mesmo tema, nós estamos dispostos a estudar sua publicação com o mesmo título como "segunda visão".

QUESTÃO SEXUAL

Se você quer discutir sobre sexo, não precisa nem de normas e nem de técnicas. É só chegar a suas próprias conclusões e valores, sem deixar de pensar num contexto maior.

SEXO E JUVENTUDE apresenta as técnicas de um programa desenvolvido pela equipe da Fundação Carlos Chagas com rapazes e moças de 15 a 17 anos da periferia de São Paulo e de colégios públicos e particulares.

COLEÇÃO PRIMEIROS PASSOS

1 - **Socialismo** Arnaldo Spindel 2 - **Comunismo** Arnaldo Spindel 3 - **Sindicalismo** Ricardo C. Antunes 4 - **Capitalismo** A. Mendes Catani 5 - **Anarquismo** Caio Túlio Costa 6 - **Liberdade** Caio Prado Jr. 7 - **Racismo** J. Rufino dos Santos 8 - **Indústria Cultural** Teixeira Coelho 9 - **Cinema** J. Claude de Bernardet 10 - **Teatro** Fernando Peixoto 11 - **Energia Nuclear** J. Goldemberg 12 - **Utopia** Teixeira Coelho 13 - **Ideologia** Marilena Chauí 14 - **Subdesenvolvimento** H. Gonzalez 15 - **Jornalismo** Clóvis Rossi 16 - **Arquitetura** Carlos A. C. Lemos 17 - **História** Vavy Pacheco Borges 18 - **Agrária, Questão** José G. da Silva 19 - **Comunidade Ec. de Base** Frei Betto 20 - **Educação** Carlos R. Brandão 21 - **Burocracia** F. C. Prestes Motta 22 - **Ditaduras** Arnaldo Spindel 23 - **Dialética** Leandro Konder 24 - **Poder** Gérard Lebrun 25 - **Revolução** Florestan Fernandes 26 - **Multinacionais** Bernardo Kucinski 27 - **Marketing** Raimar Richers 28 - **Empregos e Salários** P. R. de Souza 29 - **Intelectuais** Horácio Gonzalez 30 - **Recessão** Paulo Sandroni 31 - **Religião** Rubem Alves 32 - **Igreja** P. Evaristo, Cardeal Arns 33 - **Reforma Agrária** J. Eli Veiga 34 - **Stalinismo** J. Paulo Netto 35 - **Imperialismo** A. Mendes Catani 36 - **Cultura Popular** A. Augusto Arantes 37 - **Filosofia** Caio Prado Jr. 38 - **Método** Paulo Freire C. R. Brandão 39 - **Psicologia Social** S. T. Maurer Lane 40 - **Trotskismo** J. Roberto Campos 41 - **Islamismo** Jamil A. Haddad 42 - **Violência Urbana** Regis de Morais 43 - **Poesia Marginal** Glauco Mattoso 44 - **Feminismo** B. M. Alves/J. Pitanguy 45 - **Astronomia** Rodolpho Caniato 46 - **Arte** Jorge Coli 47 - **Comissões de Fábrica** R. Antunes/A. Nogueira 48 - **Geografia** Ruy Moreira 49 - **Direitos da Pessoa** Dalmo de Abreu Dallari 50 - **Família** Danda Prado 51 - **Patrimônio Histórico** Carlos A. C. Lemos 52 - **Psiquiatria Alternativa** Alan Índio Serrano 53 - **Literatura** Marisa Lajolo 54 - **Política** Wolfgang Leo Maar 55 - **Espiritismo** Roque Jacintho 56 - **Poder Legislativo** Nelson Saldanha 57 - **Sociologia** Carlos B. Martins 58 - **Direito Internacional** J. Monserrat Filho 59 - **Teoria** Otaviano Pereira 60 - **Folclore** Carlos Rodrigues Brandão 61 - **Existencialismo** João da Penha 62 - **Direito** Roberto Lyra Filho '63 - **Poesia** Fernando Paixão 64 - **Capital** Ladislau Dowbor 65 - **Mais-Valia** Paulo Sandroni 66 - **Recursos Humanos** Flávio de Toledo 67 - **Comunicação** Juan Díaz Bordenave 68 - **Rock** Paulo Chacon 69 - **Pastoral** João Batista Libanio 70 - **Contabilidade** Roque Jacintho 71 - **Capital Internacional** Rabah Benakouche 72 - **Positivismo** João Ribeiro Jr. 73 - **Loucura** João A. Frayze-Pereira 74 - **Leitura** Maria Helena Martins 75 - **Palestina, Questão** Helena Salem 76 - **Punk** Antonio Bivar 77 - **Propaganda Ideológica** Nelson Jahr Garcia 78 - **Magia** João Ribeiro Jr. 79 - **Educação Física** Vitor Marinho de Oliveira 80 - **Música** J. Jota de Moraes 81 - **Homossexualidade** Peter Fry/Edward MacRae 82 - **Fotografia** Cláudio A. Kubrusly 83 - **Política Nuclear** Ricardo Arnt 84 - **Medicina Alternativa** Alan Índio Serrano 85 - **Violência** Nilo Odalia 86 - **Psicanálise** Fabio Hermann 87 - **Parlamentarismo** Ruben Cesar Keinert 88 - **Amor** Betty Milan 89 - **Pessoas Deficientes** João B. Cintra Ribas 90 - **Desobediência Civil** Evaldo Vieira 91 - **Universidade** Luiz E. W. Wanderley 92 - **Moradia, Questão da** Luiz C. Q. Ribeiro/Robert M. Pechman 93 - **Jazz** Roberto Muggiati 94 - **Biblioteca** Luiz Milanesi 95 - **Participação** Juan E. Diaz Bordenave 96 - **Capoeira** Almir das Areias 97 - **Umbanda** Patrícia Birman 98 - **Literatura Popular** Joseph M. Luyten 99 - **Papel** Otávio Roth 100 - **Contracultura** Carlos A. M. Pereira 101 - **Comunicação Rural** Juan E. D. Bordenave 102 - **Fome** Ricardo Abramovay 103 - **Semiótica** Lúcia Santaella 104 - **Participação Política** Dalmo de Abreu Dallari 105 - **Justiça** Júlio César Tadeu Barbosa 106 - **Astrologia** Juan A. C. Müller/Léa M. P. Müller 107 - **Política Cultural** Martin Cezar Feijó 108 - **Comunidades Alternativas** Carlos A. P. Tavares 109 - **Romance Policial** Sandra Lúcia Reimão 110 - **Cultura** José Luiz dos Santos 111 - **Serviço Social** Ana Maria Ramos Estevão 112 - **Taylorismo** Luzia Margareth Rago/Eduardo F. P. Moreira 113 - **Budismo** Antonio Carlos Rocha 114 - **Teatro Nô** Darci Yasuco Kusano 115 - **Realidade** João-Francisco Duarte Jr. 116 - **Ecologia** Antônio Lago/José Augusto Pádua 117 - **Neologismo** Nelly Carvalho 118 - **Medicina Preventiva** Kurt Kloetzel 119 - **Nordeste Brasileiro** Carlos Garcia 120 - **Nacionalidade** Guillermo Raúl Ruben 121 - **Tortura** Glauco Mattoso 122 - **Parapsicologia** Osmard Andrade Faria 123 - **Mercadoria** Liliana R. Petrilli Segnini 124 - **Etnocentrismo** Everardo P. Guimarães Rocha 125 - **Medicina Popular** Elda Rizzo de Oliveira 126 - **Aborto** Danda Prado 127 - **Suicídio** Roosevelt M. S. Cassorla 128 - **Pornografia** E. R. Moraes e S. M. Lapeiz 129 - **Cibernética** Jocelyn Bennaton 130 - **Geração Beat** André Bueno/Fred Góes 131 - **Física** Ernst W. Hamburger 132 - **Filatelia** Raymundo Galvão de Queiroz 133 - **Psicanálise - 2.ª visão** Oscar Cesarotto/M. Souza Leite 134 - **Homeopatia** Flávio Dantas 135 - **Conto** Luzia de Maria 136 - **Erotismo** Lúcia Castello Branco 137 - **Vídeo** Cândido José Mendes de Almeida 138 - **Brinquedo** Paulo de Salles Oliveira 139 - **Heróí** Martin Cezar Feijó 140 - **Autonomia Operária** Lúcia Barreto Bruno 141 - **Alienação** Wanderley Codo 142 - **Benzeção** Elda Rizzo de Oliveira 143 - **Constituinte** Marília Garcia 144 - **História em Quadrinhos** Sônia Bibe-Luyten 145 - **Acupuntura** Marcus Vinícius Ferreira 146 - **Espiritismo - 2.ª visão** Maria Laura Vlveiros de Castro 147 - **Numismática** Alain Jean Costilhes 148 - **Marxismo** José Paulo Netto 149 - **Toxicomania** Jandira Masur 150 - **Morte** José Luiz de Souza Maranhão 151 - **Mito** Everardo P. G. Rocha 152 - **Menor** Edson Passetti 153 - **Habeas-Corpus** Adauto Suannes 154 - **Zoologia** Francis Por/Maria Por 155 - **Corpo(latria)** Wanderley Codo/Wilson A. Senne 156 - **Ficção** Ivete Walty 157 - **Cometa Halley** Carlos A. H. Gebara 158 - **Informática** João Clodomiro do Carmo 159 - **Adolescência** Daniel Becker 160 - **Teologia da Libertação** Francisco Catão 161 - **Psicologia Comunitária** Eduardo M. Vasconcelos 162 - **Trânsito** Eduardo A. Vasconcelos 163 - **Literatura Infantil** Lígia Cademartori 164 - **Português Brasileiro** Hildo H. do Couto 165 - **Pós-Moderno** Jair Ferreira dos Santos 166 - **Tradução** Geir Campos 167 - **Beleza** João-Francisco Duarte Jr. 168 - **Política Social** Vicente de P. Faleiros 169 - **Ficção Científica** Bráulio Tavares 170 - **Corpo** José Gaiarsa 171 - **Trabalho** Suzana Albornaz 172 - **Lazer** Luiz Octavio de Lima Camargo 173 - **Contracepção** Kurt Kloetzel 174 - **Documentação** Johanna Smit 175 - **Hipnotismo** Osmard Andrade Faria 176 - **Editora** Wolfgang Knapp.

TÍTULOS PUBLICADOS
JULHO DE 86

Aborto	n.° (126)	Feminismo	n.° (44)	Participação Política	n.° (104)
Acupuntura	(145)	Ficção	(156)	Pastoral	(69)
Adolescência	(159)	Ficção Científica	(169)	Patrimônio Histórico	(51)
Agrária, Questão	(18)	Filatelia	(132)	Pessoas Deficientes	(89)
Alienação	(141)	Filosofia	(37)	Poder	(24)
Amor	(88)	Física	(131)	Poder Legislativo	(56)
Anarquismo	(5)	Folclore	(60)	Poesia	(63)
Arquitetura	(16)	Fome	(102)	Poesia Marginal	(43)
Arte	(46)	Fotografia	(82)	Política	(54)
Astrologia	(106)	Geografia	(48)	Política Cultural	(107)
Astronomia	(45)	Geração Beat	(130)	Política Nuclear	(83)
Autonomia Operária	(140)	Habeas-Corpus	(153)	Política Social	(168)
Beleza	(167)	Herói	(139)	Pornografia	(128)
Benzeção	(142)	Hipnotismo	(175)	Português Brasileiro	(164)
Biblioteca	(94)	História	(17)	Positivismo	(72)
Brinquedo	(138)	História em Quadrinhos	(144)	Pós-Moderno	(165)
Budismo	(113)	Homeopatia	(134)	Propaganda Ideológica	(77)
Burocracia	(21)	Homossexualidade	(81)	Psicanálise	(86)
Capital	(64)	Ideologia	(13)	Psicanálise (2.ª visão)	(133)
Capital Internacional	(71)	Igreja	(32)	Psicologia Comunitária	(161)
Capitalismo	(4)	Informática	(158)	Psicologia Social	(39)
Capoeira	(96)	Imperialismo	(35)	Psiquiatria Alternativa	(52)
Cibernética	(129)	Indústria Cultural	(8)	Punk	(76)
Cinema	(9)	Intelectuais	(29)	Racismo	(7)
Cometa Halley	(157)	Islamismo	(41)	Realidade	(115)
Comissões de Fábrica	(47)	Jazz	(93)	Recessão	(30)
Comunicação	(67)	Jornalismo	(15)	Recursos Humanos	(66)
Comunicação Rural	(101)	Justiça	(105)	Reforma Agrária	(33)
Com. Alternativas	(108)	Lazer	(172)	Religião	(31)
Com. Eclesial de Base	(19)	Leitura	(74)	Revolução	(25)
Comunismo	(2)	Liberdade	(6)	Rock	(68)
Constituinte	(143)	Literatura	(53)	Romance Policial	(109)
Contabilidade	(70)	Literatura Infantil	(163)	Semiótica	(103)
Contracepção	(173)	Literatura Popular	(98)	Serviço Social	(111)
Contracultura	(100)	Loucura	(73)	Sindicalismo	(3)
Conto	(135)	Magia	(78)	Socialismo	(1)
Corpo	(170)	Mais-Valia	(65)	Sociologia	(57)
Corpo(latria)	(155)	Marketing	(27)	Stalinismo	(34)
Cultura	(110)	Marxismo	(148)	Subdesenvolvimento	(14)
Cultura Popular	(36)	Medicina Alternativa	(84)	Suicídio	(127)
Desobediência Civil	(90)	Medicina Popular	(125)	Taylorismo	(112)
Dialética	(23)	Medicina Preventiva	(118)	Teatro	(10)
Direito	(62)	Menor	(152)	Teatro Nô	(114)
Direito Internacional	(58)	Mercadoria	(123)	Teologia da Libertação	(160)
Direitos da Pessoa	(49)	Método Paulo Freire	(38)	Teoria	(59)
Ditaduras	(22)	Mito	(151)	Tortura	(121)
Documentação	(174)	Moradia, Questão da	(92)	Toxicomania	(149)
Ecologia	(116)	Morte	(150)	Trabalho	(171)
Editora	(176)	Música	(80)	Tradução	(166)
Educação	(20)	Mutinacionais	(26)	Trânsito	(162)
Educação Física	(79)	Nacionalidade	(120)	Trotskismo	(40)
Empregos e Salários	(28)	Neologismo	(117)	Umbanda	(97)
Energia Nuclear	(11)	Nordeste Brasileiro	(119)	Universidade	(91)
Erotismo	(136)	Numismática	(147)	Utopia	(12)
Espiritismo	(55)	Palestina, Questão	(75)	Vídeo	(137)
Espiritismo (2.ª visão)	(146)	Papel	(99)	Violência	(85)
Etnocentrismo	(124)	Parapsicologia	(122)	Violência Urbana	(42)
Existencialismo	(61)	Parlamentarismo	(87)	Zoologia	(154)
Família	(50)	Participação	(95)		

Que pode haver de maior ou menor que um toque?
W. Whitman

VOCÊ CONHECE O PRIMEIRO TOQUE?

PRIMEIRO TOQUE é uma publicação com crônicas,
resenhas, comentários, charges, dicas,
mil atrações sobre as coleções de bolso da Editora
Brasiliense. Sai de três em três meses.
Por que não recebê-lo em casa? Além do mais,
não custa nada. Só o trabalho
de preencher os dados aí de baixo,
recortar, selar e pôr no correio.

NOME: ....
END.: ....
BAIRRO: .... FONE: ....
CEP: .... CIDADE:.................... EST.:........
PROFISSÃO: .... IDADE: ....

editora brasiliense s.a.
01223 - r. general jardim, 160 - são paulo